Blick zurück... 2018

Jeden Monat des Jahres konnten die Mitglieder des intern. Literatur und Künstlerforums Garten der Poesie, die eingereichten Werke öffentlich bewerten. Die höchst bewerteten Beiträge wurden in diesem Jahrbuch zusammengefasst.
Ich danke allen Beteiligten für ihren Einsatz im Interesse einer stetig wachsenden Forum Gemeinschaft.

Januar 2019   Bernd Rosarius
                                     (Administrator)

Garten der Poesie

Blick zurück... 2018

Lyrische Blüten verwelken nie!

Bibliografische Information der Deutschen Nationalbibliothek:
Die Deutsche Nationalbibliothek verzeichnet diese Publikation in der Deut-
schen Nationalbibliografie; detaillierte bibliografische Daten sind im Internet
über http://dnb.dnb.de abrufbar.

Bilder/Fotos/Texte: Garten der Poesie **(Namen der Autoren, auf
der Cover-Rückseite)**
Coverbild: **Horst Rehmann**

Herstellung und Verlag: BoD – Books on Demand, Norderstedt

ISBN: 978-3-7481-9233-6

Inhalt:

Januar: Hoffnungsvoll ins neue Jahr

Eine Chance für Lars	Marga Koch	09
Worte zum Jahresanfang	Petra-Josephine	14
Hallo 2018	Bernd Rosarius	18

Februar: Sehnsucht nach Frühling

Warten auf den Frühling	Greta Hennen	20
Frühlingsband	Günter Weschke	21
Warten auf dem Frühling (Ein Traum)		
Bernd Rosarius		22
Frühlingssehnsucht	Marga Koch	24

März: Wenn die Natur erwacht

Sehnsucht nach Frühling	Greta Hennen	27
Früh links erwachen und		
Spät rechts einschlafen	Greta Hennen	28
Der Lenz ist da	Viko Getzschmann	30
Frühlingsmorgen	Günter Werschke	31
Henry kommt	Sabine Brauer	32
Wind und Sturm	Bernd Rosarius	33

April: Was es zu erzählen gibt

Ostern...bei meinem Vater	Viko Getzschmann	36
Ein Aprilscherz?	Marga Koch	37
Im April	Barbara Kopf	44

Mai: Maienluft – Lebensduft

Morgensegen	Sabine Müller	46
Großmama	Roland Rothfuß	47
Mai	Barbara Kopf	48

Inhalt:

Juni: Die Wanderung

Unser Weg	Greta Hennen	51
Schafskälte im Juni	Barbara Kopf	52
Der Karnische Höhenweg	Marga Koch	54

Juli: Du schöne Sommerzeit

Sommerfeeling	Gabriella Dietrich	60
Sonnenkinder	Greta Hennen	61
Katerleben		
Foto: Sabine Müller- Text: Charlie Müller		62
Ein kleines Samenkorn		
Foto: Beate Daneyko-Mayer/Text: Marlis Daneyko		63

August: Sommerfreuden

Sommerwind	Viko Getzschmann	65
Inselträume	Marlis Daneyko	66
Heute ist ein schöner Tag	Bernd Rosarius	68

September: Bunter Herbst

Drachenzeit	Barbara Kopf	71
Abschied vom Sommer	Marlis Daneyko	72
Der letzte Tanz	Viko Getzschmann	73
Mein Apfelbäumchen	Marlis Daneyko	74

Oktober: Herbstsymphonie

Herbstsymphonie	Petra-Josephine	76
Liebesgruß	Sabine Müller	77
Abendstille	Marlis Daneyko	78

Inhalt:

November: Im Nebelgrau

November	Barbara Kopf	80
Melancholie	Sabine Brauer	82
Novembergrau	Marlis Daneyko	83

Dezember: Kerzenzeit/Geschichten zum Advent

Ein Weihnachtstraum	Roland Rothfuß	85
Weihnachtsamaryllis	Sabine Brauer	86
Einsamkeit	Marlis Daneyko	87
Damals	Marlis Daneyko	88

Das Bild des Jahres

Nachmittag am See	Horst Rehmann	92

Aufgaben und Ziele des Forums: **93**

Januar:

Hoffnungsvoll ins neue Jahr

Eine Chance für Lars

Endlich sind die Feiertage überstanden. Der 50-jährige Lars steht im Bad vor dem Spiegel und rasiert sich. Ein müdes, vom Alkohol gezeichnetes Gesicht schaut ihn an. Gestern am Stammtisch sagte einer seiner Kumpel: „Die ersten fünfzig Jahre sind die Besten." Ein dummes Sprichwort, welches der Reinhold stets hervor kramt, wenn er gefragt wird, wie es ihm geht. Nun ja, der Reinhard lag vier Wochen im Krankenhaus. Für ihn mag der Spruch zutreffen. Aber für mich? Seit zehn Jahren bin ich arbeitslos und zähle zu den Langzeit-Arbeitslosen. Es gibt schon lange keine feste Struktur mehr in meinem Tagesablauf. Im August zog Milli aus und nahm die beiden Kleinen mit. Ich höre noch ihre Abschiedsworte: „Du bist faul und dumm. Ohne dich geht es uns besser. Meinetwegen sauf den ganzen Tag. Irgendwann landest du auf der Straße." Am nächsten Morgen, als ich aus dem Koma erwachte, war das Haus leer. Bisher wussten die Nachbar schon, dass wir von Hartz 4 lebten, aber Milli erzählte ihnen immer von Bewerbungsgesprächen, die es schon lange nicht mehr gab. Das Jahr 2017 besiegelte meinen Absturz. Der Höhepunkt, Weihnachten und Silvester ohne Familie, machten mir klar, dass ich ein Verlierer bin. Noch nie war Lars Winter derart schonungslos und ehrlich zu sich selbst gewesen.

Anlass dazu ist ein Brief, der am Vortag, den 6.1.2018 vom Postboten gebracht wurde und der jetzt auf dem Küchentisch liegt. Das Rechtsanwaltsbüro Dr. Lehmann und Partner bittet Herrn Lars Winter zu einem Gespräch; Termin 11.00 am 7.1. in unseren Geschäftsräumen, Lange Str. 3. Lars erster Gedanke ist: Milli hat die Scheidung eingereicht, dann – Hartz 4 wird gekürzt, weil sie gemerkt haben, dass ich ab und zu schwarz dazu verdiene. Ach da steht – in einer Erbschaftsangelegenheit. Tief in Lars Seele flammt ein kleiner Funke, Hoffnung genannt, auf.

Um 11 Uhr steht er in seinem besten Outfit und nüchtern im Vorzimmer der Kanzlei Feldmann. Bemüht, cool und lässig zu erscheinen, versteckt er die zitternden Hände in den Jackentaschen. Dr. Feldmann begrüßt Lars freundlich und bietet ihm einen Stuhl an. „Herr Winter, sie wundern sich wahrscheinlich, weil sie nichts vom Tod ihrer Tante Gertrud Moll gehört haben. Sie lebt und erfreut sich im hohen Alter von 90 Jahren noch ihres Lebens. Wie sie wissen besitzt sie ein kleines Vermögen. Nun will sie zu Lebzeiten einen Teil davon verschenken. Sie erhalten heute von mir einen Brief ihrer lebenserfahrenen, klugen Tante, den ich nach ihren Anweisungen geschrieben habe." Er überreicht Lars einen großen Umschlag, auf dem sein Name steht. „Lesen sie ihn zu Hause durch und teilen sie mir mit, wie sie sich entscheiden. Ich rate ihnen dringend dazu, das Angebot ihrer Tante anzunehmen." Vollkommen verwirrt steht Lars fünf Minuten später wieder auf der Straße. Das Fahrrad steuert, wie ferngelenkt den „Grünen Bock" an, wo bestimmt schon einige sogenannte „Freunde" auf Lars warten. Unschlüssig schaut er auf die Eingangstür. Nein – zuerst nach Hause. Lars steigt wieder auf und tritt in die Pedalen. Zu Hause angekommen, öffnet er mit einem Messer vorsichtig den Umschlag. Vielleicht braucht er den noch. Neugierig beginnt er zu lesen.

Lieber Lars,

wir haben lange nichts mehr voneinander gehört. Seitdem du kein Weihnachts- und Geburtstagsgeld mehr von mir bekommst, besuchst du mich nicht mehr. Obwohl du weisst, dass ich deine Kinder regelmäßig bedenke. Nun schrieb Milli mir von eurer Trennung. Ich denke, jetzt ist der richtige Zeitpunkt um dich zur Vernunft zu bringen. Ich mache dir heute folgendes einmaliges Angebot:

Du bekommst von mir, egal ob ich noch lebe, oder nicht mehr auf dieser Erde weile, am 1. September 2018 einen Betrag von 100.000 Euro. Außerdem begleiche ich die Forderungen die das Sozialamt an deine Familie stellen wird, sobald du über Vermögen verfügst. Du kennst meine „altmodische" Meinung über einen 50-jährigen gesunden Mann, der zwei Hände zum Arbeiten und seinen Verstand noch nicht ganz versoffen hat. Er sollte zu stolz sein um vom Staat Almosen anzunehmen. Es gibt unendlich viel Menschen die bedürftig sind und das Geld nötiger brauchen als du und deine Familie. Ich stelle folgende Bedingungen, die dir schwer zu schaffen machen werden. Lars schluckt einmal und denkt, das hätte ich mir ja denken können, dann liest er weiter.

1. Eine sofortige Alkohol-Entziehungskur
2. Keinen Aufenthalt im „Grünen Bock" oder ähnlichen Kneipen. (Ich lasse das überprüfen)
3. Ein Umschulung vom Arbeitsamt bei einem Handwerksbetrieb deiner Wahl. (Tischlerei, Maler-Betrieb, Baugewerbe)

Ich war schon immer der Ansicht, dass dein Vater einen großen Fehler machte, als er dich in einen kaufmännischen Beruf drängte. Als Kind warst du sehr geschickt mit deinen Händen.

Lieber Lars, dies ist die letzte Chance deines Lebens. Lass das Jahr 2018 zum Wendepunkt werden. Sag Dr. Lehmann Bescheid, wie du dich entscheidest. Er hat den Auftrag, dir den Betrag zu überweisen, wenn du die Auflagen erfüllst. Falls du nicht bereit bist dein Leben zu ändern, wird mein gesamtes Vermögen nach meinem Tod an die SOS Kinderdörfer überwiesen werden.

Ich habe auch mit Milli gesprochen. Sie wartet das Jahr 2018 noch ab, bevor sie die Scheidung einreicht. Vielleicht findet ihr wieder einen Weg in die Zukunft.

Deine Tante Gertrud, die es gut mit dir meint.

Lars liest den Brief ein zweites Mal und noch einmal. Dann schlägt er die Hände vor sein Gesicht. Niemand sieht die zuckenden Schultern und die Tränen. An diesem Tag warten die Freunde im „Grünen Bock" vergeblich auf ihren Kumpel. Er wird doch nicht krank geworden sein?

© Marga Koch

Worte zum Jahresanfang

Das neue Jahr ist nun schon ein paar Tage jung und das vergangene hat endgültig seinen Vorhang zugezogen. Alles was dort geschehen ist hat seine eigene Geschichte geschrieben.

Ob all die Vorsätze umgesetzt werden konnten oder aus den Augen durch den Alltag entwichen sind bleibt verborgen. Das Leben es geht weiter ob nun mit oder ohne Vorsätze. Es sind ja nur kleine Unstimmigkeiten, welche einem in Beschlag nehmen und ihre volle Aufmerksamkeit für eine geraume Zeit sich in den Weg stellen. Diese können unterschiedlichster Art sein. Mehr Zeit für sich oder mit Freunden zu verbringen. Mehr Zeit fürs eigene Hobby sich nehmen aber wie, wenn der Alltag so eng strukturiert ist. Dann auch noch der lange Weg durch die Stadt zur Arbeit, der uns immer wieder von den vielen Ampeln, welche sich gerade umschalten zum Anhalten zwingt. Bei einigen wirken sie bremsend auf dem Weg andere haben diese angenommen. Ich hole in solchen Momenten tief Luft, atme bewusst aus und nehme es an ausgebremst zu werden. Ja manchmal lächle ich still in mich hinein wenn ich in den Gesichtern der hinterm Lenker sitzenden Menschen lese. Diese Gesichtsausdrücke sprechen für sich. Das war nicht immer so, es brauchte seine Zeit das Leben so anzunehmen wie es sich gerade präsentiert. Auch ich ertappe mich in Momenten wo ich sage stopp so geht das nicht.

Der Augenblick fügt sich aus Sekunden und dann
in Minuten denen die Stunden folgen aus dem ein
Tag entsteht. Turnusmäßig reihen sich einzelne Ta-
ge sieben an der Zahl in eine Woche. Ein Monat
bestcht aus um die dreißig Tage. Nach Zwölf Mo-
nate endet ein ganzen Jahr. Ich habe es bewusst
genau so geschrieben um zu verdeutlichen wie viel
Zeit jede Zeit in sich trägt. Das Jahr präsentiert sich
Naturgemäß aus vier verschiedenen Jahreszeiten.
Den Winter in dem sich alles zur Ruhe legen kann
und regeneriert. Der Frühling der sich langsam
reckt und streckt und uns offenbart was in ihm
steckt. Der Sommer der es gut und manchmal auch
zu gut meint. In dem er durch die Sonnenkraft so
einiges abverlangt. Wer sehnt sich nicht nach dem
wundervoll farbenfrohen Herbst der auch Bestand-
teil eines Jahres ist welcher dann wieder durch den
Winter das Jahr ausklingen lässt.

So wie die einzelnen Jahreszeiten ist auch unser
eigenes Leben strukturiert. Als Embryo entwickeln
wir uns und machen uns auf dem Weg das Licht
der Welt zu entdecken. Das erste und zweite Jahr
ist jenes in dem wir uns am schnellsten entwickeln.
Wir lernen zu trinken, zu greifen, wahr zu nehmen.
Lernen uns zu bewegen jeder in seinem eigenen
Rhythmus. Bis wir eines Tages aufrecht die Welt
erforschen können. Im Kindesalter wird uns sehr
viel gelehrt und sie sind prägend für die eigene Zu-

kunft. Wenn wir den Kinderschuhen entschlüpft sind fühlen wir uns reif für die Welt und wollen wahrlich Bäume ausreißen und sie für uns verändern. Alles besser machen, als wir sie vielleicht erlebt haben. Nach der Jugendzeit in der wir uns Beruflich orientiert haben, folgt die Verpflichtung fürs eigene Leben. Der Spagat zwischen Arbeit, Familie gründen und dem eigenen Bedürfnissen formt sich in einem Alltag der wie in eingefahrenen Gleisen verläuft. Obwohl man immer mitten drin ist kann einem das Eine oder Andere entweichen da die Aufmerksamkeit auf etwas anderem gerade lag. So ist nun mal das Leben keiner ist perfekt. Wir lernen immer aus dem was wir erlebt haben und das bis ins hohe Alter hinein. Lernen bedeutet offen sein, sich Fehler oder Versäumnisse zu vergeben, um sich nicht das Leben zu verwehren wegen ein paar banaler Dinge die einem wohl nicht geglückt sind. Das wichtigste im Leben ist nicht welche Schritte du lieber anders im Leben gegangen wärst, sondern dass du gerade den Augenblick in dem du dich befindest bewusst lebst. Das betrifft auch jene die in deinem Leben eine wichtige Rolle spielten und ihr nicht auf einem Nenner kamt. Das Leben mit seinen vielen Begebenheiten ist viel zu Ereignisreich als dass wir es einfach an uns vorüberziehen lassen. Auf in ein neues Jahr, welches wir mit gestalten und ein Teil Geschichte mit schreiben können. Parallelen können in der Natur der Entwicklung des Lebens überall zeitgemäß gezogen werden. Jeder Tag kann ein neuer Anfang in ein Leben sein, welches uns Erfüllung bringt so lange wie es in uns selbst atmet.

© Petra-Josephine

Hallo 2018

2017 - du bist gegangen
viel habe ich eingefangen.
Ins neue Jahr werd ich jetzt gehen,
dich werde ich nie wieder sehen.
Doch konntest du mir vieles schenken,
ich werden immer an dich denken.
Für deine Zeit hab großen Dank,
dein Kalender bleibt im Schrank.
Ich lernte tolle Menschen kennen.
Ich kann sie jetzt nicht alle nennen.
Es war für mich ein gutes Jahr,
das ich im Herzen aufbewahr`

2018 ich grüße dich,
du bist jetzt da, umarme mich.
Versuche schnell uns zu verstehen,
welche Pirouetten wir auch drehen.
Sei ein Freund und nicht ein Feind,
sei mit uns im Glück vereint,
führ uns freundlich durch dein Jahr,
sei für alle Menschen da.
du sollst uns diesmal wirklich geben,
ein Stück Hoffnung hier im Leben.

© Bernd Rosarius

Februar:

Sehnsucht nach Frühling

Warten auf Frühling

Ein Krokus schneebedeckt, so zart,-
ohje, der Winter ist so hart,-
zieht sich so furchtsam noch zurück.
Die Frühlingsonne wär sein Glück.

Dass sie ihm Ihre Wärme schickte,
mit ihrem Strahlen ihn beglückte.
Er möchte seine Blüte offen
zeigen und auf Frühling hoffen.

Oh bitte, bitte komm herbei.
Mach die Natur nun bunt und frei.
Lass uns die kalte Zeit vergessen.
Ist denn sein Wunsch gar so vermessen?

Du lieber Frühling kennst die List,
dass er nun endlich glücklich ist.
So lange steht er schon im Garten,
Ach lass ihn nicht mehr länger warten.

© Greta Hennen

Frühlingsband

Der Frühling hat ein Band gewebt
aus bunten Blumen, oh wie schön,
er hat es auf das Land gelegt,
ein Jeder kann es seh'n.

Es zieht sich aus dem Tal hinauf
bis auf der Berge Höh'n,
so ist es Jahr für Jahr der Lauf,
das Land wird wieder schön.

Der Frühling legt sein zartes Band
auch in aller Menschen Herzen,
so er in alle Menschen fand,
dort leuchten Frühlingskerzen.

Verliebte wünschen - Hand in Hand-,
und innig heißer Liebe,
das es gefangen von dem Band,
ein Leben lang so bliebe.

© Günter Weschke

Warten auf dem Frühling (Ein Traum)

Es ist wieder Morgen,
ich stehe auf.
Ich kenne meine Sorgen,
und gebe nichts drauf.

Auf der Wiese springt fröhlich ein junger Schimmel.
ich spüre die brennende Sonne am Himmel.
Die Sonnenwärme tut mir gut,
auch das Rauschen im nahen Bach,
zurzeit ist er besonders flach.
So ein Morgen macht mir Mut.

Es ist der Duft,
der mich belebt.
Die Spätsommerluft,
die mich umweht.

Ich will keinen Streit, kein Geschrei und kein Wettern.
Ich will an den Strahlen zur Sonne `rauf klettern.

Das wird ein Tag,
voll dynamischer Kraft.
Ein Tag den ich mag,
voll Lebenssaft.

Das leuchtende Bunt in vielfältiger Pracht,
hat mir die Sonne dargebracht.
So strecke ich mich und lauf aus dem Haus,
und spring wie der Schimmel fröhlich hinaus.
Ich freue mich auf sonnige Stunden.
Ich habe mein Glück heute gefunden.

Lasst diesen Morgen,
von Dauer sein.
Drückt eure Sorgen,
ins Abseits hinein.

Überall blüht herrlich der Wald.
Der Ruf des lebendigen Menschen erschallt.

So schrei ich dem Leben,
voller Inbrunst entgegen.
Egal was kommt, was war und was ist,
diese Zeit habe ich vermisst.
Ein Netz aus Schönheit will ich mir weben.

Rauf auf die Wiesen,
ihr älteren Wesen,
das Morsche begießen,
alt sei es gewesen.

Ich sehe nicht den Mammon, den Stahl und das
Erz.
Ich wärme an der Sonne mein schlagendes Herz.

© Bernd Rosarius

Frühlingssehnsucht

Es ist Februar. Der Winter ist noch nicht vorbei, aber die Tage werden schon merklich länger. Menschen und Tiere sehnen den Frühling herbei.
Im Garten, auf dem Rasen steht ein Vogelfutterhäuschen. Jeden Morgen wird es von einem Menschen frisch gefüllt. Blaumeisen, Kohlmeisen, Buchfinken und Schwarzdrosseln warten schon. Uli und Ulf, die beiden Blaumeisen sitzen in der Ulme auf ihrem Lieblingsplatz und schauen hinunter zu den Schneeglöckchen. Auch in diesem Jahr sind diese viel zu früh wach geworden. Jetzt hat es geschneit und die Armen lassen ihre weißen Köpfchen hängen. Sie zittern vor Kälte.

„Achtung", brummt die Ulme, „Karl und Karla im Anflug." Jeden Vormittag um die gleiche Zeit fliegen zwei Krähen zu dieser Futterstelle. Die Ulme sieht sie schon, wenn sie auf dem Garagendach landen. Zuerst spazieren sie dann an der Straße entlang. Es könnte mal wieder vielleicht eine Mac Donald Tüte aus einem Autofenster gefallen sein. Karl und Karla lieben Ketchup. Mittwochs werden von der Abfallbeseitigungs- Firma die gelben Säcke abgeholt. Die hungrigen Vögel zögern nicht lange. Die scharfen Schnäbel reißen so lange, bis alles in der Umgebung verteilt ist. Irgend etwas Essbares finden sie immer. Plastik wird nicht gefressen. Sie sind sehr klug. Anschließend patrouillieren sie, wie zwei Polizeibeamte, um das Vogelfutterhäuschen. Gut, dass sie nicht hineinpassen. Die kleinen Singvögel lassen vor Aufregung andauernd Sonnenblumenkerne oder kleine Körner fallen. Nichts bleibt liegen – und – „Danke" - sagen sie auch nicht. Karl und Karla sind schöne Vögel. Ihr Gefieder glänzt blau/schwarz. Aufrecht und selbstbewusst stelzen sie über den Rasen. Eine Krähe frisst, während die andere die Umgebung bewacht. Sobald sich im Garten oder hinter den Fenstern des Hauses ein Mensch bewegt, schreit der Aufpasser und – weg sind sie. Sie wissen, dass die Menschen sie nicht mögen. An diesem Tag kommen sie nicht zurück.

Uli, die kleine Meise flüstert: „Sag mal Ulme, wie lange dauert es noch bis der Frühling richtig da ist und wir alle, überall in der Natur satt werden?"
„Ihr müsst euch noch gedulden", ist die Antwort.

© Marga Koch

März

Wenn die Natur erwacht

Sehnsucht nach dem Frühling

(Kartentext)
Warten auf den Frühling

Ein Krokus schneebedeckt, so zart,-
ohje, der Winter ist so hart,-
zieht sich so furchtsam noch zurück.
Die Frühlingssonne wär sein Glück.

Dass sie ihm Ihre Wärme schickte,
mit ihrem Strahlen ihn beglückte.
Er möchte seine Blüte offen
zeigen und auf Frühling hoffen.

Oh bitte, bitte komm herbei.
Mach die Natur nun bunt und frei.
Lass uns die kalte Zeit vergessen.
Ist denn sein Wunsch gar so vermessen?

© Greta Hennen

Früh links erwachen und Spät rechts ein-
schlafen

Wenn's Frühling wird in uns'rem Tal,
dann erstaunt mich allemal,
wie nicht nur Vogel, Has' und Maus
kommen raus aus Ihrem Haus.

Auch Hubert, Alfred und der Michel
schnappen schnell nach Axt und Sichel.
Vorbei ist jetzt der Winterschlaf
und die Margret buddelt brav
in dem kleinen Beet herum.
Die flinke Amsel schaut sich um,
ob sich nicht was Gutes findet,
das ihr Nest zusammenbindet.
(Die Amsel ist nicht mehr zu drosseln.)

Der gute Jo den Porphyr schrubbt,
was sich als Problem entpuppt,
weil sich um Futter ward gezankt
und 's ihm mit Vogelschiss gedankt.

Die Vögel trällern, die Schafe grasen
und der Peter mäht schon Rasen,
wo jetzt noch nichts zu sehen ist.
Und damit ihr 's alle wisst:

Gabi muss jetzt Zwiebeln setzen
und noch schnell zu Aldi hetzen,
um noch welche zu erhaschen -
packt alles ein in Ihre Taschen,
damit im Sommer alles bunt.
Ja bei uns geht 's richtig rund!

Hilmar sich den Kärcher schnappt
damit die Grillzeit sauber klappt.
Abends wird es dann ganz stille
Jeder hat jetzt noch den Willen
nach dem ganzen frohen Schaffen
nur noch:

Spät rechts einzuschlafen.

© Greta Hennen

Der Lenz ist da

Auf leisen Sohlen schleicht der Lenz,
sich Schritt für Schritt, gar zögerlich,
versteckt sich noch und wartet scheu,
denn kalte Füße mag er nicht.

Doch wenn er erst mal Fuß gefasst,
in zartem Grün und Blütenpracht,
fließt seine Kraft in neues Leben,
das Wunder der Natur erwacht.

© Viko Getzschmann

Frühlingsmorgen

Aufgewacht die Sonne lacht,
sie scheint mir ins Gesicht,
alle Fenster aufgemacht
jetzt schreib ich ein Gedicht.

Vögel singen in den Bäumen,
die Herzen öffnen sich ganz weit,
Menschen fangen an zu träumen,
es ist die schöne Frühlingszeit.

Die Lerche singt und steigt dabei,
über Felder, hoch empor,
könnt ich doch eine Lerche sein
so dicht am Himmelstor.

Wie schön ist uns're Welt am Morgen
wenn wir den Frühling lachen seh'n,
wir vergessen uns're Sorgen,
die Frühlingszeit ist wunderschön.

© Günter Weschke

Henry kommt

Henry

Schon seit vierundvierzig Jahren,
muss die Familie ihn ertragen.
Jedes Jahr, so Ende März,
kommt er zu uns, ohne Scherz.

Setzt sich zu uns, auf den Tisch.
Immer munter, immer frisch.
Keiner darf den Henri stören
und ihm seinen Platz verwehren.

Kommt der Henri nicht ins Haus,
bricht der Frühling auch nicht aus!
Wir erwarten ihn voll Liebe,
Henri, unsre TAFELFLIEGE.

Fangen wir nach ein Paar Tagen
an, die Fliegen hier zu jagen,
geht der Henri voller Schmerz.
Doch kommt er wieder ,
nächsten März!

© Sabine Brauer

Wind und Sturm

Auf einer Bank ich mich befand,
und gab der Dunkelheit die Hand.
Soweit ich auch nach hinten rückte,
die Lehne stark im Rücken drückte.

Plötzlich spürte ich ganz sacht,
ein leichtes Streicheln in der Nacht.
Man erfasste mein Gesicht,
ich spürte nur und sah doch nicht.

Man hob die Haare mir empor,
und säuselte mir leise ins Ohr.
„Denk nicht lange drüber nach,
denn du kennst doch meine Sprach".

Und ich lachte wie ein Kind,
„ja mein Gott du bist der Wind.
Du hast die Frische mir gebracht,
trägst du mich durch diese Nacht?"

Ich sehe wie die Wolken ziehen,
eilig vor den Winden fliehen.
Nebel bildet eine Mauer,
und die Winde werden rauer.

Die Bäume sich nach unten biegen,
die Äste fast am Boden liegen,
und die Glocke fern im Turm,
trägt Kunde von dem nahen Sturm.

Ich werde von der Bank getrieben,
meine Kraft ist ausgeblieben.
Spüre jetzt schon starken Regen,
lege mich dem Sturm entgegen.

Und der Wind er streichelt nicht,
nein er schlägt mir ins Gesicht.
Ja so hat er mir gegeben,
einen Fingerzeig vom Leben.

Wo wir Menschen immer sind,
umgeben sind wir stets vom Wind.
Und es zeigt uns dann sein Sturm,
das wir so klein sind wie ein Wurm.

© Bernd Rosarius

April

Was es zu erzählen gibt

Ostern...bei meinem Vater

Die Kälte der Frühlingssonne,
Strahlen, sie wärmen noch nicht.
Erstarrt zwischen Blumen,
Kränzen und Gräbern,
frostiger Wind streift das Gesicht.

Menschen, sie sehen, sie gehen,
bedächtig, in Ehrfurcht und klein,
verweilen und besinnen,
beten und weinen,
und doch jeder für sich allein.

Es stört nicht die kalte Sonne,
und nicht eisiger Hauch auf der Haut,
auf leisem Weg,
der Lieben gedenken,
wie immer so nah und vertraut.

© Viko Getzschmann

Ein Aprilscherz?

Venedig im Sonnenschein. Kommissario Brunetti sitzt mit seiner Frau auf dem Balkon und schaut in sein Rotweinglas. Wieder ist ein komplizierter Fall gelöst worden. Es folgt der Nachspann des Filmes. Frank schaltet die Fernbedienung des kleinen Fernsehapparates aus und kehrt in die Gegenwart zurück. Vier Wände, ein schmales Bett, auf einem Holzbrett an der Wand stehen sechs, schon oft gelesene, Bücher. So sieht seine Zelle im Gefängnis aus. Eine gute Seele schenkte ihm vor einem Jahr das gebrauchte Fernsehgerät. Es ist sein einziger Luxus. Seit acht Jahren ist der 50 - Jährige schon eingesperrt. An normalen Tagen darf er wenigstens in der Schreinerwerkstatt arbeiten. Dort wird er abgelenkt und muss nicht immerzu über sein

Schicksal grübeln. „Heute ist Karfreitag", stellte er am Morgen mit einem Blick auf den Kalender fest. An die folgenden Osterfeiertage mag er gar nicht denken. Besuch kommt schon lange nicht mehr. Ein öder, langweiliger Tag folgt dem Nächsten. Er nimmt sich vor, den Gottesdienst zu besuchen, obwohl er weiß, dass er eine Antwort auf seine Fragen nicht bekommen wird. „Warum Gott, warum glaubt mir Niemand. Was habe ich verbrochen, dass die ehrbaren Bürger vor mir beschützt werden müssen?"

Eine Szene, des gerade gesehenen Filmes geht ihm nicht aus dem Sinn. Nachdem der Kommissar feststellte, dass sie einer falschen Fährte gefolgt waren, suchte er den zu Unrecht verfolgten Verdächtigen auf und sagte zu diesem: „Sie sind frei, wir haben uns geirrt – entschuldigen sie bitte." So etwas gibt es bestimmt nur im Film. Nun, eine Stunde wird das Licht noch brennen. Frank überlegt kurz, dann nimmt er ein weißes, leeres Blatt Papier und einen Kugelschreiber. Nach fünf stummen Jahren schreit er es noch einmal: „Warum?", nur dies eine Wort steht auf dem Papier. Ob die Adresse noch stimmt, die er auf den Briefumschlag schreibt, er weiß es nicht.

Eine andere Stadt, ein anderes Leben. Die Osterfeiertage sind vorüber. Pfarrer Mutmann steht auf der Kanzel der evangelischen Kirche einer Kleinstadt. Der Predigttext des heutigen Sonntags ist das neunte Gebot: „Du sollst kein falsches Zeugnis reden wider deinen Nächsten." Jahrelange Erfahrung ermöglicht es ihm, seine Gedanken über dieses Thema vorzutragen und gleichzeitig die Gemeindemitglieder im Auge zu behalten. Immer wieder kehren seine Blicke zu der jungen, ernsten Frau zurück. Sie sitzt bei dem Ehepaar Roth, die im Ort eine Gärtnerei betreiben. „Wer ist die Fremde, schon wieder holt sie ein Taschentuch hervor. Weint sie?" Der Gottesdienst ist vorbei. Der Pastor steht an der Kirchentür und reicht jedem die Hand. „Herr Roth haben sie Besuch?" fragt er den Gärtnermeister. Dieser antwortet: „Melanie ist die Tochter unserer Nichte. Sie hat ihre Floristinnen - Lehre beendet und arbeitet jetzt bei uns. Sie wohnt über der Gärtnerei. Dort lebte bis Weihnachten meine Mutter, die jetzt zu meiner Schwester gezogen ist. Hier bei uns, muss die Großstädterin sich noch einleben." An die junge Frau gewandt, fügt er hinzu: „Melanie, du kannst doch so schön singen, vielleicht möchtest du im Kirchenchor eintreten?" Die junge Frau hebt nicht den Kopf. Sie murmelt verlegen: „Nein, nein, das kann ich nicht." Meister Roth zuckt mit den Schultern: „Wir werden sehen", sagt er mit verschmitzten Lächeln.

Am Nachmittag staunt Elfriede Mutmann über ihren Mann als er sagt: „Die Blumenkästen könnten wir in diesem Frühjahr von der Gärtnerei Roth bepflanzen lassen." „Ach das mache selbst", antwortet sie. „Ich habe meine Gründe dafür." „Ja dann", lächelnd greift Elfriede nach dem Telefonbuch, sucht die Nummer der Gärtnerei hervor und gibt ihre Bestellung auf.

Schon am nächsten Tag fährt Melanie Hollmann mit dem Bulli der Gärtnerei vor das Pfarrhaus. Sie trägt einen grünen Arbeiter-Overall. Die schwarzen Haare sind kurz geschnitten, so dass Elfriede sie erst für einen Jungen hält. Sie runzelt die Stirn und überlegt: „Hat ihr Mann Hubert nicht von einer Nichte der Roths gesprochen? Zwei braune Augen schauen sie an: „Ich bin Melanie Beckmann und möchte ihre Balkonkästen für den Frühling bepflanzen." Elisabeth ist mindestens einen Kopf größer als das junge Mädchen. Bevor sie fragen kann, sagt Melanie: „Sie dürfen mich gerne duzen, Frau Mutmann, ich werde diesen Sommer 20 Jahre alt, bin es aber gewohnt, jünger eingeschätzt zu werden. Ach, da stehen ja die Kästen, Blumen und Erde sind noch im Wagen. Mit schnellen energischen Schritten holt sie Beides und beginnt mit der Arbeit. Nach einer Stunde sind alle Balkonkästen mit roten Geranien bepflanzt und schon vor den Fenstern angebracht worden.

„Elfriede, bitte sie doch zum Tee ins Haus und dann möchte ich mich noch eine Weile mit ihr allein unterhalten." Elfriede kennt ihren Mann, sie weiß, dass er immer ein offenes Ohr für seine Mitmenschen hat. Melanie merkt schnell, dass dieses alte Ehepaar es gut mit ihr meint. Sie wirkt längst nicht mehr so verkrampft als Elfriede sich um einen anderen Besucher kümmern muss. Freundlich schaut der Pfarrer sie an und fragt behutsam: „Melanie, haben sie Sorgen, kann ich ihnen helfen? Manchmal hilft es einem schon, wenn man mit einem Außenstehenden darüber reden kann." Seine freundliche Ansprache erreicht das Herz der jungen Frau. Sie fasst Vertrauen zu dem gütigen alten Herrn und holt einen Brief aus ihrer Jackentasche, schluchzend wirft sie diesen auf den Tisch. „Meine Mutter hat ihn mir nachgeschickt. Fünf Jahre hörten wir nichts mehr von diesem Frank. In den hintersten Winkel meines Verstandes habe ich ihn verschoben." „Warum – wer ist denn dieser Frank?" sagt der alte Mann, nachdem er einen Blick auf das Papier geworfen hat.

Leise beginnt Melanie zu erzählen: „Vor acht Jahren, ich war 12, mein kleiner Bruder 10 Jahre alt, wohnten wir in Berlin. Unsere Eltern lebten nicht mehr zusammen und wollten sich scheiden lassen. Papa fehlte uns Kindern sehr. Dann lernte unsere Mutter Frank Sahm kennen. Manchmal übernachtete er bei uns und saß beim Frühstück auf Papa's Stuhl. Wir Kinder wollten ihn nicht, da konnte er sich noch so viel Mühe geben.

Ende März kam mir dann die Idee mit dem „bösen" Aprilscherz. Am 31. März arbeitete Mutter abends als Kellnerin in einem Restaurant. Als sie müde und gestresst nach Hause kam, bezichtigte ich Frank, mit theatralischem Geschrei, mich belästigt zu haben. „Als ich duschte, kam Frank ins Bad und wollte mich nackt fotografieren." Merkwürdig, sie glaubte mir sofort, weil Frank zu der Zeit alles fotografierte was ihm vor die Linse kam." Bäume, Tiere, sogar Käfer und Insekten und immer wieder unsere Mutter." Seine neue Kamera lag stets griffbereit in seiner Nähe. Eine lange Pause entstand: „Bitte glauben sie mir, Herr Mutmann, ich wollte am nächsten Tag, dem 1. April, dann rufen April – April und war so dumm zu denken, dass wir gemeinsam darüber lachen könnten." Sofort musste er unsere Wohnung verlassen. Mutter warf seine wenigen Sachen selbst in einen alten Rucksack. Natürlich stritt er alles ab und fragte immer wieder: „Warum Melanie?"

Am nächsten Tag, im Gegensatz zu mir, sah meine Mutter verheult und unausgeschlafen aus, geschah das Schrecklichste unseres Lebens. Zwei Polizeibeamte standen vor unserer Haustür. „Kennen sie Frank Sahm, was ist er für ein Mensch?" Stumm hörte ich zu, wie meine Mutter ihren Freund beschimpfte und seinen guten Ruf mit wenigen Worten zerstörte. Später erfuhren wir, dass Frank am Morgen beim Joggen ein totes Mädchen aus dem Wannsee gezogen hatte. Er muss noch versucht haben sie wiederzubeleben, als der nächste Jogger vorbei kam. Der rief die Polizei und bezichtigte Frank des Mordes an dem Kind. Zusammen mit Mutters Aussage, war die Vorverurteilung perfekt.

Die Polizei stellte die Ermittlungen ein. Der Strafverteidiger lachte, als ich von einem Aprilscherz sprach und meinte nur: „Du willst dich wohl interessant machen. Nein, dich werde ich nicht bei Gericht aussagen lassen." Jetzt denke ich, dass er noch jung war und sich nicht mit einem pubertierenden Teenager blamieren wollte.

Meine Mutter sprach nie wieder von Frank. Wir durften ihn auch nicht mehr erwähnen. Erst zwei Jahre später las ich in einer Zeitung, dass er zu 15 Jahren Gefängnis verurteilt worden war, seine Schuld aber nie zugegeben hatte." Lange sprach keiner mehr ein Wort. Pastor Mutmann legte seinen Arm um das weinende Mädchen. „Liebe Melanie, ich muss erst mal darüber schlafen. Dann werde ich Erkundigungen einziehen und versuchen dir, deiner Mutter und dem armen Mann zu helfen. Versprechen kann ich dir nichts. Eins weiß ich aber jetzt schon – es ist gut, dass du darüber gesprochen hast.

© M. Koch

Im April

Manchmal mach ich Sommerspiele,
manchmal bin ich reichlich kühl,
andermal hab ich zum Ziele,
überraschend Wasserspiel.

Manchmal bin ich übermütig,
hole mir den Sturm zum Toben,
manchmal lächle ich ganz gütig
lass mich einfach nur mal loben.

Manchmal weiß ich nicht, was machen,
gehe in mich, werde still.
Fühle, wie es kommt, das Lachen,
und das ist es, was ich will.

© Barbara Kopf

Mai

Maienluft – Lebensduft

Morgensegen

Ich mag sie sehr gern, diese stille Zeit,
wenn der Tag sich den Schlaf aus den Augen
reibt,
und die Nacht sich vorm Abschied noch zart an
ihn schmiegt,
bevor sie allmählich im Nirgends versiegt.

Wenn die Welt sich noch ganz alleine gehört,
und kein Alltagslärm diese Idylle stört,
nur das Flüstern der Bäume im Morgenwind,
begleitend zum ersten Zwitschersang klingt.

Ich mag sie sehr gern, diese stille Zeit,
sie macht mir das Herz und die Seele ganz weit,
so kann ich in Frieden dem Tag froh begegnen,
dank diesem göttlichen Morgensegen.

© Sabine Müller

Großmama

Hoch zu loben und zu ehren
sind die leichten und die schweren
Dinge, die du hast vollbracht
liebevoll bei Tag und Nacht.
Mütterlich sind deine Triebe,
die hervor geh'n aus der Liebe.
Diese kennen keine Frist,
auch wenn das Kind erwachsen ist.
Als Dank kam nun mit großem Schritte
das Glück in die Familienmitte,
ein neuer Sonnenschein ist da.
Jetzt bist du eine Großmama.
Nun kannst du ganz entspannt genießen
die Glücksmomente, die jetzt fließen,
die Liebe, die du hast gesät
als Mutter einst von früh bis spät.

© Roland Rothfuß

Mai

Lieber Mai, zeig' Dich jetzt offen,
male in Dein Antlitz lächeln.
Pflanze in die Herzen Hoffen.
Lass die Lüfte Freude fächeln.

Blühen dürfen wir erleben,
Maiendüfte, Liebe, Rosen.
Und die Schmetterlinge schweben,
wenn wir eng umschlungen kosen.

Mai, Du machst uns ganz benommen,
färbst in Bunt, was Du gebracht.
Dass Du endlich, bist gekommen,
hat uns alle froh gemacht.

© Barbara Kopf

Juni

Die Wanderung

Weit übers Land

So weit übers Land,
das sich mir die Heimat nennt,
möchte ich mit den Wolken ziehn,
auf endlos weiten Wegen,
in klaren kalten Wasser`n fliehn.
Seh ich das Werden und das Vergehen,
seh ich das Leben neu entstehen,
berauscht sich an der Fülle Pracht
mein Aug, mein Herz, als ob es wär,
für die Ewigkeit gemacht.

© Viko Getzschmann

Unser Weg

(Kartentext)

Unser Weg

Wir setzen sachte Fuß vor Fuß.

Jeder Schritt sei ein Genuss,
wobei man gar nicht wissen muss,
wohin uns unser Weg noch führt.
Wichtig ist es nur, man spürt
Die Gegenwart zu ihrer Zeit.
Könnt' sein,
das Ziel ist noch sehr weit.

© Greta Hennen

Schafskälte im Juni

Nachts hat unser Thermometer einen Riesensturz gemacht,
konnte sich nicht oben halten fiel herunter in
der Nacht.
Seine Werte sind gesunken, Sommerfeeling ist
dahin,
Alle müssen bei der Kälte, sich was Warmes
überzieh'n.

Schafe hätten null Probleme, ihnen wächst ein
warmes Vlies.
Jetzt hat man sie ausgezogen, Menschen sind
doch richtig fies.
Ausgerechnet Anfang Juni, wenn die Kälte
nochmal neckt,
wurden sie gemein bestohlen und geschoren,
wie geleckt.

Oh, wie müssen Schäflein leiden, wenn sie auseinander schwärmen,
drängen frierend eng zusammen gegenseitig sich
zu wärmen.
Nimm bei dieser Schweinekälte deinen Schatz
fest in den Arm,
schlüpft ins Bett, ihr werdet sehen, kuscheln
macht euch wieder warm.

Jedes Jahr ist es das Gleiche, sie wird Schafskälte genannt,
sie wird mit zusammenrücken in die Zweisamkeit, gebannt.
So hat auch, falls wer gescheit ist, Kälte ihre guten Zwecke,
immer dann, wenn man zu zweit ist und liegt unter einer Decke.

© Barbara Kopf

Der Karnische Höhenweg

Jahrelang wanderten wir während der Sommer-
ferien mit unseren drei Kindern in den bayri-
schen und österreichischen Alpen. Es gelang
mir aber immer Übernachtungen in Berghütten
zu vermeiden.

1987, die Kinder gingen längst eigene Wege,
plante mein Mann eine 10tägige Wanderung auf
dem Karnischen Höhenweg. Bevor ich weiter
schreibe, muss ich bekennen, dass ich nicht sehr
sportlich bin und eher den Weg des geringsten
Widerstandes wähle. Rückenprobleme und
Atemnot brauchte ich nicht vorzutäuschen, weil
sie bei Steigungen von 300 Metern nicht zu
übersehen waren. Meine Drei neckten mich oft
mit den Worten: „Schnauf, Schnauf, Schnauf –
Mama schnauft den Berg hinauf." Es ist mir
heute noch ein Rätsel, wie ich damals die
Watzmannhütte in 1930 Meter ohne Seilbahn

erreichte.

Der Traum vom Karnischen Höhenweg setzte sich im Kopf meines Mannes fest. Bald konnte er einen Freund überreden, sich uns anzuschließen. Ein Termin wurde schon im Frühling festgesetzt.

Nachdem ich einmal mit dem Kopf genickt hatte, gab es keinen Weg mehr zurück.

Horst war Mitglied im Bielefelder Kanuverein und paddelte mit Clubfreunden von der nordfriesischen Küste in 9 Stunden bis zur Insel Helgoland. Lydia, seine Frau, noch sportlicher – ein Energiebündel deren zweites Zuhause unsere Sporthalle im Ort war. Wilfried, mein Mann, Mitglied im Alpenverein, wanderte schon zwei Jahre zuvor, eine Woche lang mit Gleichgesinnten in den Dolomiten. Zaghafte Versuche meinerseits, mich auszuklinken, wirkten nicht. Zwei Stunden Wanderungen im Umkreis des Campingplatzes hätten mir vollkommen gereicht.

Neue Wanderschuhe wurden gekauft, ein größerer Rucksack angeschafft. Den alten, kleineren durfte ich tragen. Ach ja, das Gepäck noch ein Problem. Jeder brauchte Kleidung für gutes und schlechtes Wetter, Trinkflasche, erste Hilfe – Päckchen usw. usw. Gut, dass am Karnischen Höhenweg mehrere Berghütten zum Übernachten und für Verpflegung bereit stehen.

Eines Tages, kam Horst und teilte uns mit, dass er vorher noch an der Bandscheibe operiert würde. Unverständlicherweise sehr optimistisch sagte er: „Der Professor versprach mir, dass ich in 4 Wochen wieder fit bin." Er ist tatsächlich schon fast geheilt, da stürzt Lydia und renkt sich die rechte Schulter aus. Alles kein Grund die Tour abzusagen. Am festgesetzten Termin starteten zwei Wohnwagengespanne, bereit zum großen Abenteuer.

An der Grenze zwischen Österreich und Italien verläuft der „Karnische Höhenweg" in ca. 2000 bis 2700 Metern Höhe. Er ist 156 km lang und sollte in 26 Stunden zu wandern sein. Die Hütten und Almunterkünfte sind in Tagestouren von 4 bis 8 Stunden auf dem Kammweg zu erreichen.
„Das schaffst du leicht, wir fahren mit einer Seilbahn hoch und oben ist ein leicht zu begehender und gut ausgeschilderter Weg", mit diesen Worten redete mein Wilfried mir gut zu. Der Campingplatz in Hermagor ist gebucht. Er liegt von Start und Ankunft gleich weit entfernt.
Schon am nächsten Tag fuhren wir mit einem Auto nach Silian. Dort transportierte uns eine Bergbahn in die grandiose Welt der Steine.
Das Wetter war gut und am Beginn fühlten sich die Rucksäcke gar nicht so schwer an. Obwohl wir unseren Durst stillten und von dem mitge-

nommenen Proviant etwas verzehrten, wurden
sie immer schwerer. Die anfängliche Begeiste-
rung über die wunderbare Aussicht auf 2500
Meter hohe Berggipfel verwandelte sich Schritt
für Schritt in stille Ergebenheit und Trotz, mit
dem festen Vorsatz: „was die Drei können, dass
kann ich auch."
Ich werde nun nicht jede Etappe beschreiben.
Man kann die Tour bei Google nachlesen oder
bei Youtube anschauen. Wenn dies 1987 schon
möglich gewesen wäre, wer weiß ob ich je den
Mut gehabt hätte daran teilzunehmen.
Drei Tage und Nächte war ich Wanderfreundin
bergauf, bergab. Es ist eine Illusion, dass ein
Kammweg immer eben verläuft. Dann gab es
eine Krisenbesprechung und ich durfte ins Tal.
Allein im Wohnwagen, nach einem Bettenlager,
in dem zwanzig schwitzende, erschöpfte Men-
schen, schnarchend und stöhnend nebeneinan-
der liegend, die Nacht verbrachten, fühlte ich
mich wie im Himmel. Lesend und vor allen
Dingen schweigend, ruhte ich mich aus. Am
zweiten Nachmittag besuchte ich sogar das
Schwimmbad im Ort. Meine Gedanken wander-
ten natürlich immer wieder zu den drei Unver-
wüstlichen. Gut dass es noch kein Smartphon
gab.

Wie verabredet fuhr ich am 7. Tag mit unserem
PKW nach Osten und stellte ihn dort auf einen
Parkplatz. Wilfried kam mir entgegen und ge-

meinsam mit Lydia und Horst erreichten wir am
9. Tag die Naßfeldhütte. Auf dem Weg dorthin,
braute sich ein Gewitter zusammen. Mein Mann
wurde immer schneller und warnte uns: „Bevor
die Blitze kommen, müssen wir die Hütte errei-
chen. Die Eisenstangen hier sind gefährlich."
Wir schafften es gerade noch.

Die Wanderung war beendet. Niemand nahm
mir meine Auszeit übel. Auch später musste ich
mir keine Spöttereien anhören. Ein Vorteil war
auch, dass unser Auto in der Nähe geparkte und
wir nun gemeinsam den anderen Wagen in Sili-
an abholen konnten.

Es soll kein falscher Eindruck entstehen. Ich er-
innere mich noch heute gerne an die Tour. Wir
erlebten miteinander viele schöne unvergessli-
che Stunden. Da ich nicht gut reimen kann, zi-
tiere ich am Schluss das alte Volkslied von Josef
von Eichendorf:

Wem Gott will rechte Gunst erweisen,
den schickt er in die weite Welt,
dem will er seine Wunder zeigen,
in Berg und Wald und Strom und Feld.

Den Sommerurlaub 1988 verbrachten wir am
Balaton in Ungarn.

© M. Koch

Juli

Du schöne Sommerzeit

Sommerfeeling

Lange musste ich auf den Sommer warten, zu kalt, zu nass und was auch immer. Gepasst hat es bis jetzt einfach nie. Meine Nachbarn öffneten Ihr Schwimmbad trotzdem immer mal wieder und ich konnte Madame beobachten, wie Sie entweder die Füsse badete, oder wenn es ganz schön war, mit so 2 Schwimmwülsten, stundenlang auf dem Wasser lag. Plötzlich merkte ich, dass etwas bei Ihr anders war als sonst. Darauf angesprochen, sagte Sie ja, Sie sei schwanger, im 8 Monat. Irgendwie fehlte sie plötzlich, gestern hörte ich ein kleines Baby schreien, was absolut nicht in die gewohnte Umgebung passte. Ja und heute präsentierte Sie mir stolz, Ihren kleinen Sohn. Er kam, heimlich, still und leise, sehr zu meiner Freude. Ich bin und war nie Mutter (leider), aber nun kann ich mich trotzdem an diesem kleinen Leben erfreuen. Manchmal wird auch im Leben einer alten Frau eine Freude wahr und ich hoffe, ich darf auch ab und an den Hütedienst übernehmen.

© Gabriella Dietrich

Sonnenkinder

Die Sonne hat uns ihre Kinder geschickt.
Sie sollen den Sommer schön grüßen.
Ihr Ebenbild ist ihr so göttlich geglückt,
wie sie aus der Erde nun sprießen.

Sie schauen die Mutter nun dankbar an
und zeigen hell leuchtend ihr Strahlen,
woran ich mich herrlich erfreuen kann.
Ich will sie so gerne noch malen.

Du hast mir den Strauß nun nach Hause gebracht.
Dass du mich so reichlich beschenkst.
Und jede Blume hat mich dankbar gemacht.
Sie sagt mir, dass du an mich denkst.

© Greta Hennen

Katerleben

Im Sommer halt ich nach dem Schmausen,
meine Siesta lieber draußen,
und mit ´nem Kissen auf dem Kübel,
ist dieser Platz hier gar nicht übel.
Laß mich verwöhnen, von der Sonne,
das ist für mich ´ne wahre Wonne.
Es kann doch gar nichts schön´res geben,
als solch behaglich´Katerleben.
* schnuuuurrrr*

Foto © Sabine Müller - Text © Charlie Müller

Ein kleines Samenkorn

Ein kleines Samenkorn bin ich,
schlafe in Mutter Erde, warte,
auf die Sonne, auf den Regen,
dass ich ein Pflänzchen werde.

Ein kleines Pflänzchen bin ich,
streck` mich dem Sonnenschein entgegen,
tanze mit dem Wind und wiege mich im Regen.

Eine reife Kornähre bin ich,
im goldenen, wogenden Feld,
bin seit Menschengedenken
das Brot der Welt.

© Text: Marlis Daneyko-Bild: Beate Daneyko-
Mayer

August

Sommerfreuden

Sommerwind

Der Sommerwind, er singt mir heut,
ein leises Liebeslied.
Der Sommerwind, er ruft mir zu,
wie schön, dass es dich gibt.
Ich öffne alle Türen.
Lass mich mit dir ziehn,
so wie die weißen Wolken,
die schwebend vor dir fliehn.

Im Sommerwind, da liegt ein Duft,
von Blütenzauberei,
und jedes Kind, das springt und lacht,
versprüht Glückseligkeit.
Auch wenn wir auf der Flucht,
nach kühlen Ufern sind,
so ist er uns doch lieb,
der Sommerwind.

© Viko Getzschmann

Inselträume

Wie schön waren die Sommer
wenn mich die Mutter rief
wenn ich mit nackten, bloßen
Füßen über die Insel lief.

Der Wind, er kühlte mir die Wangen
und strich mir durch das Haar
im Himmelsblau schrien die Möwen
die Luft war mild und klar.

Das Meer, davor die Dünen
und der warme Sand,
am Horizont die weißen Segel,
die Muscheln an dem Strand.

Das leise Wellenrauschen,
träumend die Wolken wandern seh`n,
dem Lied des Meeres lauschen,
an Mutters Hand zu gehen.

Die Zeit sie ist verflogen,
doch bleibt sie ewig jung,
mit jedem neuen Sommer,
mit der Erinnerung.

© Marlis Daneyko

Heute ist ein schöner Tag

Mein Gott, wie ist das Wetter schön,
jetzt ganz schnell nach draußen gehen,
eine Stunde bitte nur,
spazieren gehen in der Natur.
Atme Frische in die Lunge,
spüre Sand auf meiner Zunge.
Schau wie fest die Sonne steht,
und nur ein laues Lüftchen weht.
Also lauf ich schnell hinaus,
aus dem dunklen Treppenhaus.
Ich spazier' die Straße lang,
sehe einen Mann am Hang,
der die Sense fröhlich schwingt,
das Lied der Klinge zu mir dringt.
Auch der Eismann ist schon da,
den ich gestern noch nicht sah.
„Drei Kugeln bitte", ruf ich laut,
er winkend zu mir rüber schaut.
Ich gehe weiter mit dem Eis,
grüße fröhlich noch Frau Zeiss
Und die Vöglein haben sacht,
mir ein Ständchen dargebracht.
Ich lauf weiter ganz entspannt,
sehe Graffiti an der Wand.

Sehe viele Menschen laufen,
Hunde die vergnüglich raufen.
Grünes Gras und warmes Herz,
spüre heute keinen Schmerz.
Dieser Tag hat Spaß gemacht,
jeder hat mich angelacht.

© Bernd Rosarius

September

Bunter Herbst

Drachenzeit

Du mein Drachen fliege hoch,
lass dich von den Winden tragen.
Deine Flügel zögern noch,
einen Höhenflug zu wagen.

Zeige mir, wie ohne Schranken,
meine Herbstgedanken fliegen
und wie sie, um aufzutanken,
lauter Sonnenküsse kriegen.

Drachen fliege in die Höhe,
leicht, von Sorgen unbeschwert,
bis ich dich dann wiedersehe,
farbenleuchtend, heimgekehrt.

© Barbara Kopf

Abschied vom Sommer

Der Garten hat sich fein gemacht,
zum Sommer-Abschiedsfeste.
Er duftet, blüht mit letzter Kraft
und wartet auf die Gäste.

Die Amsel und die Meise,
sie singen im Duett.
Die Schmetterlinge tanzen,
wie Elfen im Ballett.

Die Sonnenblume lächelt,
strahlt wie der Sonnenschein.
Der Wind küsst ihre Wangen,
lädt sie zum Tanze ein.

Die letzten Rosen blühen,
nur zart noch ist ihr Duft.
Es liegt in dem Vergehen,
ein Ahnen in der Luft.

Die Grillen zirpen leise,
ihr Lied vom Sommertraum.
Es ist die Abschiedsweise,
sie gibt der Wehmut Raum.

© Marlis Daneyko

Der letzte Tanz

Reich geschmückte Prachtgewänder,
ein letzter Tanz der Lebensfülle,
webt die Natur ihr schönstes Kleid,
in sterblich bunter Blätterhülle.

An Bäumen und in Laubgesträuchen,
lebt Blatt für Blatt die Endlichkeit,
lässt sie das Schicksal niedersinken,
losgelöst, entschwebt der Zeit.

Und selbst zu Füßen, wie zu Hauf,
welch kunterbuntes Farbenmeer,
bis gnadenlos Vergänglichkeit,
dem Lebenshauch das Ende zeigt,
und Strauch und Bäume bleiben leer.

© Viko Getzschmann

Mein Apfelbäumchen

Mein Apfelbäumchen vor dem Haus,
in seinem rosa Blütenkleid,
es ging ein Zauber von ihm aus,
schon in der linden Maienzeit.

Als in warmen Frühlingswinden,
es von ihm Blütenblätter schneit,
und sich die Kinder Kränze binden,
ist auch der Sommer nicht mehr weit.

Da reifen Äpfelchen am Baum,
sitzen zuhauf an allen Zweigen,
sie träumen einen stillen Traum,
im sommerlichen Schweigen.

Es naht der Herbst mit seiner Pracht,
Zieräpfel leuchten rot und weit,
er hat den Zauber wahr gemacht,
für eine farbenfrohe Zeit.

© Marlis Daneyko

Oktober

Herbstsymphonie

Herbstsymphonie

Stillschweigen über Nacht,
der Meister hat's vollbracht.
An jedem Tag ein andres Bild,
das stimmt mich sachte, leise, mild.

Wie goldig ist der Sonnenschein,
legt sich in jedes Blatt hinein,
blau strahlt er, wie im Festgewand,
kein Wölkchen ich dort oben fand.

Woher kommt diese Farbenpracht,
dass jedes Herz sich freut und lacht.
Als sei ein Maler hier vor Ort,
der setzt sein Werk tagtäglich fort.

Ist erdig färbend sein Gewand,
in Gelb, auch Rötlich oder Sand,
bemalt er Felder, Wald und Flur,
wie es wünscht, Mutter Natur.

Dem Auge ist es ein Genuss,
dem Herzen gar ein bunter Kuss,
der Seele etwas Zeit und Ruh,
Herbstsymphonie, ein Traum bist du.

© Petra-Josephine

Liebesgruß

Einen Drachen laß ich steigen,
hab mit Liebe ihn geschmückt,
auf dem Winde soll er reiten,
ich habe ihn zu dir geschickt.

Liebe Grüße soll er bringen,
von meiner Liebe zu dir singen,
daß ich dich im Herzen trag,
jede Nacht und jeden Tag.

Hoch hinaus ist er geflogen,
ganz weit hin zum Regenbogen,
bis hinter einer Wolkenwand,
er dann meinem Blick entschwand.

Und mit sehnsuchtsvollem Herzen,
schaue ich ihm hinterher,
und ich wünschte mir so sehr,
daß ich dieser Drachen wär.

© Sabine Müller

Abendstille

Segnet den Abend, in seiner Stille,
legt sich des Tages endlose Hast.

Freut euch der Sonne ewigen Strahlens,
bis sie am Himmel des Abends verblasst.

Nebel, sie weben sich tanzende Schleier,
Abendwind streift die nächtliche Flur.

Stille und Schweigen in Bäumen und Zweigen,
auch in den Wiesen schläft die Natur.

Silbern der Abendstern leuchtet uns wieder,
golden der Mond die Erde bewacht.

Silberner Sternenglanz schimmert hernieder
und in den Wäldern flüstert die Nacht.

© Marlis Daneyko

November

Im Nebelgrau

November

Novemberhimmel bleiern grau,
dunkle Wolken ziehen Schleier,
Nebel deckt das Himmelblau,
wabert über Bach und Weiher.

Still geworden, die hier leben,
Vögel zogen längst nach Süd,
blätterlos die Äste streben,
drücken dunkel auf's Gemüt.

Drinnen bin ich da sehr gerne,
bleib beim Ofen in der Nähe,
Funken sprühen Feuersterne,
wenn ich in die Flammen sehe.

Die Gedanken ziehen Kreise,
tragen mich in Lichterzeiten,
wärmen, auf vertraute Weise,
lassen Trübsal sanft entgleiten.

Wohlig strecke ich die Glieder,
spüre, wie die Welt entschwindet,
weile im Erinnern wieder,
grüße, was sich dort befindet.

Dieses Einst das ich berühre,
zieht vorbei, mit einem Winken,
bis ich Müdigkeit verspüre,
lass in Schlafes Arm mich sinken.

© Barbara Kopf

Melancholie

M anchmal versinke ich
E ine Weile in Traurigkeit.
L ebe in mir, schließe
A ndere aus und
N ähere mich dem
C hor der inneren Sphäre.
H ier gewinne ich die
O berhand und tauche aus der
L etargie langsam
I ns Dasein zurück, strecke mich zum Licht
E mpor und lebe.

© Sabine Brauer

Novembergrau

November wie erscheinst du mir
so fahl und so grau
stehst in Trauerkleidern hier
so kühl und auch so rauh

Du liegst mir schwer auf dem Gemüt
so ohne Sonnenschein
soll ich nun wochenlang
in dir gefangen sein

Ich zünde dir ein Kerzchen an
und schenk dir etwas Licht
damit die Wärme irgendwann
den Bann der Traurigkeit durchbricht

Und geht es deinem Ende zu
dann wird es heller um uns sein
denn nun beginnt die schöne Zeit
bei Tannenduft und Kerzenschein

© Marlis Daneyko

Dezember

Kerzenzeit/Geschichten zum Advent

Ein Weihnachtstraum

Ich träumte nachts, man glaubt es kaum,
von einem schönen Weihnachtsbaum.
Ich wünschte mir dann so im Stillen,
es mögen Wünsche sich erfüllen,
und jeder Wunsch sich leuchtend zeige
wenn er erfüllt, im Tannenzweige.
So mancher Wunsch kam mir im Traum
und leuchtet auf im Tannenbaum:
Dass Not und Hunger nicht mehr walten
man friedlich kann die Welt gestalten,
dass Menschen sich ab jetzt verstehen,
und mit sich tolerant umgehen.
Es strahlten hell die vielen Lichter
in unsere strahlenden Gesichter.

Nun sagt man mir, dass alle Träume
nichts weiter sind als hohle Schäume.
Zur Weihnacht wünsch' ich mir von Herzen,
dass leuchten werden viele Kerzen,
die Wünsche würden sich erfüllen,
so wie ich träumte nachts im Stillen.

© Roland Rothfuß

Weihnachtsamaryllis

© Sabine Brauer

Einsamkeit

Es weihnachtet, ich bin zu Hause
schon lange war ich nicht mehr hier.
Vom Weltenrummel mach ich Pause
und stille Freude ist in mir.

Schon lange war ich nicht mehr hier
hab fast vergessen wie es war.
Ich laß` die Welt vor meiner Tür.
Bin der Erinnerung ganz nah.

Hab fast vergessen wie es war
und Wehmut sie umfängt mich jetzt
es sind die Lieben mir so nah
ich spüre sie im Hier und Jetzt.

Wehmut sie umfängt mit jetzt,
doch wärmt der milde Kerzenschein
im Herzen halt ich meine Lieben fest
und dann zieht Friede in mich ein.

© Marlis Daneyko

Damals

So war es damals, als wir noch Kinder waren,
mit langen Zöpfen und mit Schleifen in den
Haaren.
Wir trugen Leibchen mit breiten Gummibän-
dern dran,
da knöpften wir die langen, wollenen Win-
terstrümpfe an.
Karierte Röckchen, geschnürte Stiefel, ein einzi-
ges Sonntagskleid,
immer schön adrett und sauber, das war die Lo-
sung unserer Zeit.

Wir hüpften mit dem Seil und ließen mit der
Peitsche bunte Kreisel tanzen,
bekamen für die Schule, eine Schiefertafel, einen
Griffelkasten
und von Pappe einen Ranzen.
Wir spielten auf der Straße Kaiser, König, Bet-
telmann
und bis in die Dämmerung hinein Räuber und
Gendarm.
Völkerball und Kästchenhüpfen war der
schönste Zeitvertreib.
Das Säckchen mit den bunten Murmeln war
dabei zu jeder Zeit.

Es gab ein Telefon in unserer Straße, das stand
im Tante-Emma-Laden,
dort konnte man vom Reisverschluß bis hin

zum Rollmops alles haben.
Zu Ostern trugen wir weiße Kniestrümpfe zum
Sonntagskleid,
oft schneite es auf die Narzissen, der Frühling
ließ sich noch viel Zeit.
Im Sommer badeten wir im Garten in einer
Wanne,
unsere Dusche war Großvaters gießende Kan-
ne.

Kartoffelfeuer im Herbst, da war es schon kühl,
weil der Sommer ging.
Wir sahen in die Flammen und wie das Kartof-
felkraut Feuer fing.
Noch heute mein ich die Knollen zu schme-
cken,
die wir im glimmenden Feuer verstecken.
Noch heute mein ich die Wärme zu spüren,
nur hinten am Rücken wars kalt, wir begannen
zu frieren.

Der Winter kam und Eisblumen waren am
Fenster zu sehen.
Über Nacht war es kalt, die Eisblumen, sie wa-
ren so schön.
Wir hauchten ein Loch in die weißen Kristalle,
schauten nach draußen, weiß fiel der Schnee.
Wir sangen " Schneeflöckchen, Weißröckchen
",
das Lied kannten alle. Auch das von dem zuge-
frorenen See.

Die Weihnachtszeit - geheimnisvoller konnte sie
nicht sein,
so voller Plätzchen-und Tannenduft und stillem
Kerzenschein.
Die gute Stube war verschlossen, das Schlüssel-
loch war viel zu klein,
wie gerne hätten wir gesehen das goldene Licht
vom Christkindlein.
Wir saßen in der warmen Küche und warteten
aufs Glöckchenklingen
und warteten voll Ungeduld, was wird das
Christkind uns wohl bringen?

Das Glöckchen tönt ganz zart und fein, die Tü-
re öffnet sich,
es ist so feierlich, wir treten ein.
Da steht der Tannenbaum, geschmückt im
Weihnachtsglanz,
da sitzt die Puppe im neuen Kleid,
da steht neu aufgezäumt das alte Schaukelpferd
vom Bruder Hans.
Das Puppenhaus vom letzten Jahr, neu ange-
strichen, wunderschön.
Wir freuen uns,
als hätten wir die schönen Sachen zum allerers-
ten Mal gesehen.
Gedichte wurden aufgesagt und Lieder hell ge-
sungen.
Mir scheint, so schön wie in der Kinderzeit hat
kein Lied mehr geklungen.

So war es damals, als wir noch Kinder waren,
von der Erinnerung
noch ganz beseelt, sage ich voller Dankbarkeit:
"Es hat uns im Leben an nichts gefehlt."

© Marlis Daneyko

Das Bild des Jahres

Eine neutrale Jury bewertet jeden Monat, fünf eingereichte Bilder/Fotos aus dem Fundus der Mitglieder des intern. Literatur u. Künstlerforum Garten der Poesie
www.garten-der-poesie.de
Eines dieser fünf Werke wird zum Bild des Monats gekürt und der Künstler erhält eine Urkunde. Aus den Monatswerken können die Mitglieder des Forums das Werk des Jahres wählen.
Das Bild des Jahres 2018 trägt den Titel:
„NACHMITTAG AM SE" und stammt von
HORST REHMANN

© Horst Rehmann

Aufgaben und Ziele für das intern.Literatur- und Künstlerforum Garten der Poesie

Liebe Kunstfreunde!

Sie lieben Konzerte, gute Texte, Malerei und Fotografie? Und sind auf der Suche nach Gleichgesinnten? Dann möchten wir Ihnen unseren "Garten der Poesie" vorstellen. Ein Internet-Forum, das Künstler aus acht Ländern vereint. Ein Forum für Menschen, die kreativ sind und ihre Begabung mit anderen teilen wollen.

Die Geschichte

2006 hatte Bernd Rosarius, der Gründer des Literatur- und Kunstforums, eine Idee: Künstlerisch tätige Menschen sollten sich vernetzen können. Wer im stillen Kämmerlein Gedichte schreibt, auf Reisen Fotos von großer emotionaler Tiefe schießt, oder sich - auf welche Art auch immer - die Welt auf kreative Weise erschließt, muss mit Gleichgesinnten in Kontakt treten können.

Und heutzutage?

Mittlerweile präsentieren 50 Mitglieder aus unterschiedlichen Ländern ihre Werke im Internet. Es ist ein lebendiges Forum entstanden, das zu Gespräch und Austausch einlädt. Freude an künstlerischem Ausdruck verbindet alle unsere Mitglieder über Städte- und Ländergrenzen hinweg. Entgegen den Gesetzen von Wettbewerb und Verdrängung in der gegenwärtigen Berufswelt geht es dem "Garten der

Poesie" um Interesse für das, was künstlerische Menschen bewegt. Dabei begegnen wir uns nicht nur im Internet, sondern auch auf Lesungen und bei regelmäßigen Events. "Poesie ist Wahrheit, die in Schönheit wohnt": Dieser Ausspruch des schottischen Dichters Robert Gilfillan ist unser Motto. Fühlen Sie sich angesprochen? Liegen ungelesene Gedichte und fertige Kurzgeschichten in Ihrer Schublade? Schreiben Sie gerade an einem Internet-Roman oder arbeiten an einem Ölgemälde? Es gibt so viele Möglichkeiten, sich künstlerisch auszudrücken. Doch häufig fehlt es an Zeit, andere kreative Menschen zu finden oder auf entsprechende Veranstaltungen zu gehen. Mit dem "Garten der Poesie" haben Sie ein Kunstforum gefunden, das alle Begeisterten gleichermaßen willkommnen heißt und jedem die Möglichkeit gibt, an die Öffentlichkeit zu treten. So können Sie jederzeit Ihr Epos bei uns publizieren und ebenso mit anderen Autoren einen Sammelband verfassen.

Gibt es ein Auswahlverfahren?
Nein! Wir freuen uns über jeden Autor und jede Autorin. Egal, ob Sie schon viele Bücher geschrieben haben oder gerade an Ihrem ersten Gedichtband sitzen. Ebenso zählen wir auch Komponisten und Musiker zu unseren Mitgliedern. Die Mitgliedschaft ist übrigens kostenlos - einfach einloggen und loslegen! Wer sich zunächst unverbindlich ein Bild von unseren Aktivitäten machen möchte, ist als Besucher gleichermaßen willkommen. Auf unse-

rer Webseite mit dem Logo einer aufgeblühten Rose verschaffen Sie sich leicht einen Überblick. Klicken Sie sich durch: Lesen Sie veröffentlichte Kurzgeschichten, lassen Sie sich auf eine anregende Fotoreise mitnehmen oder studieren Sie unseren Veranstaltungskalender.

Sie werden überrascht sein, was wir in zehn Jahren an unterschiedlichen Kunstfeldern erschlossen haben. Denn wir sind sicher: Kunst braucht Vernetzung. Gerade in Zeiten der Globalisierung. Im gemeinsamen Nachdenken und künstlerischen Schaffen, in Diskussion und Reflexion bauen wir an dieser Welt mit. So, wie sich der griechische Philosoph Epikur vor über 2000 Jahren mit seinen Schülern zum philosophischen Diskurs in einem Garten traf, treffen wir uns heutzutage im Internet.

Und ganz aktuell finden Sie uns sogar mit einem eigenen Stand auf der Leipziger Buchmesse 2017! Wir freuen uns jederzeit über Ihr Interesse: ob persönlich oder im Netz!

6,90 €
Paperback
88 Seiten
ISBN-13: 9783743195820
Erscheinungsdatum: 09.02.2017

6,90 €
Paperback
84 Seiten
ISBN-13: 9783746069036
Erscheinungsdatum: 16.01.2018